NOTICE NÉCROLOGIQUE

SUR

M. NICOLAS-LÉONCE MARIN

Ancien Directeur de la Compagnie des Fonderies
et Forges de l'Horme.

SAINT-ÉTIENNE
IMPRIMERIE DE V° THÉOLIER ET C‍ie
Rue Gérentet, 12.

NOTICE NÉCROLOGIQUE

SUR

M. NICOLAS-LÉONCE MARIN

Ancien Directeur de la Compagnie des Fonderies et Forges de l'Horme.

SAINT-ÉTIENNE
IMPRIMERIE DE Vᵉ THÉOLIER ET Cⁱᵉ,
Rue Gérentet, 12.

NOTICE NÉCROLOGIQUE

SUR

M. Nicolas-Léonce MARIN

*Ancien Directeur de la Compagnie des Fonderies
et Forges de l'Horme.*

Première période de la vie de M. Marin.

M. Marin Léonce-Nicolas est né à Briey (Meurthe-et-Moselle), en l'année 1807.

Dès l'âge de dix-sept ans, il dut entrer dans la vie sérieuse. Son père, fabricant de draps, avait laissé en mourant des affaires assez embarrassées. Le fils, pour maintenir intact l'honneur commercial, se mit résolument à la tête de la fabrique, et la mère sacrifia sa fortune personnelle. Après un travail énergique, il reconnut l'impossibilité de lutter contre la concurrence d'ateliers mieux situés et plus puissamment outillés. Il eut au moins, en fermant l'usine, la satisfaction d'avoir mené à bonne fin la liquidation qu'il avait courageusement entreprise.

Il ne renonçait pas à tout espoir de poursuivre la carrière

industrielle. Mais, comme il n'avait plus de fortune, il fallait aviser au plus pressé, et il acceptait la position de caissier à la recette particulière de Briey.

Son chef, M. Laisne, fut appelé à la recette particulière de Saint-Etienne, M. Marin le suivit dans cette nouvelle résidence, en qualité de fondé de pouvoir.

Des liens de famille le mirent en rapport avec M. Meynier, directeur de la Compagnie des mines de Méons, qui lui proposa de le faire agréer comme chef comptable de cette Compagnie. M. Marin, sentant renaître la vocation industrielle à laquelle l'avait si bien préparé la première épreuve de son existence, accepta cette proposition. Ce ne fut qu'une première étape sur le chemin qu'il devait poursuivre définitivement.

Les propriétaires vendirent la mine, et M. Marin n'ayant pu s'entendre avec l'acquéreur ne tarda pas à abandonner sa position.

Il fut aussitôt rappelé par M. Laisne qui, dans l'intervalle, avait été nommé receveur général de l'Ardèche. M. Marin habita, ainsi comme fondé de pouvoir de la recette, la ville de Privas, qu'il devait revenir visiter bien souvent plus tard comme directeur d'une Compagnie métallurgique.

M. Gervais de Caen, administrateur délégué de la Compagnie de Chaney, cherchait un directeur ; il songea à M. Marin. Celui-ci se laissa entraîner de nouveau par l'occasion de rentrer dans l'industrie. Il accepta les offres de M. Gervais, et lorsque, peu de temps après, les Compagnies de Méons et de Chaney fusionnèrent, la capacité déjà reconnue de M. Marin le fit nommer d'emblée directeur de la nouvelle société.

M. Laisne, devenu receveur général du département de l'Ain, regrettait M. Marin, dont il avait apprécié toutes les qualités et toute l'intelligence. Il voulut de nouveau s'assurer un concours si précieux. Le receveur général ne pouvait avoir officiellement une maison de banque ; il fournit les fonds pour en établir une que M. Marin accepta de diriger. Cette banque fonctionna pendant deux ans environ à Bourg, sous la raison sociale : *Léonce Marin et Compagnie.*

Mais cet éloignement ne faisait pas le compte des amis que M. Marin avait laissés dans la Loire. Eux aussi sentaient l'avantage de l'avoir pour associé dans leurs entreprises. Ils savaient très-bien quelle était la valeur réelle de ses aptitudes industrielles, et quel fonds on pouvait faire sur sa parfaite probité. Ils parvinrent à le gagner, et M. Marin revint à Saint-Etienne pour s'y installer comme directeur de la Compagnie de Méons, vers 1844.

C'était l'époque où les projets de fusion des Compagnies de mines se multipliaient à l'infini sous la pression des graves difficultés que suscitaient d'une part, pour l'exploitation, l'invasion des eaux, et d'autre part, pour la vente, la concurrence effrénée des propriétaires de mines entr'eux.

M. Marin compta au premier rang des coopérateurs du travail qui s'accomplit alors, et dont l'un des derniers résultats fut la formation du groupe des houillères de Saint-Etienne, réunies sous sa direction (Méons, la Roche, Bérard et Grangette).

Bientôt après s'accomplit la fusion du groupe de Saint-Etienne avec le groupe de Rive-de-Gier. M. Marin, mécontent des conditions dans lesquelles elle s'obtenait et des auspices sous lesquels prenait naissance la Cie générale des mines de la Loire, donna sa démission.

Il eut un instant l'idée de revenir à cette administration où il avait fait son second début dans la pratique du travail. Il était même déjà nommé receveur particulier, lorsqu'il fit à Paris la rencontre de M. Polonceau. Ils avaient eu l'occasion de se connaître et de s'apprécier pendant la période où

M. Marin, directeur de mines, vendait des cokes et des charbons à l'entreprise du chemin de fer d'Orléans. M. Polonceau lui représenta avec force que c'était un grand tort de renoncer à la vie industrielle. M. Marin avait déjà une notoriété étendue, une expérience acquise ; il était dans la vigueur de l'âge, et son intelligence, son activité, la confiance qu'il inspirait, lui promettaient un avenir brillant et certain dans l'industrie. Pour achever de vaincre ses hésitations, M. Polonceau fit de M. Marin le chef des approvisionnements et de la comptabilité de l'entreprise du chemin de fer d'Orléans, et sans perdre une minute il l'installa en cette qualité, en même temps que M. Caillet prenait les fonctions de chef d'exploitation.

M. Polonceau avait prédit juste. A peine M. Marin avait-il passé quelques mois dans les bureaux de la Compagnie d'Orléans, que des offres lui étaient faites pour d'autres positions relativement plus importantes et plus élevées. C'est ainsi qu'il avait le choix entre la direction des mines de Pontgibaud et la direction de la Compagnie des fonderies et forges de l'Horme. Après quelques hésitations, et tenant compte sans doute des amitiés qui le rappelaient dans le département de la Loire, il accepta définitivement cette dernière direction qu'il garda jusqu'au moment où il se retira de la vie active. Il entra en fonctions, à la Compagnie de l'Horme, le 1ᵉʳ mai 1849.

Direction de M. Marin à l'Horme.

Les événements de 1848 avaient placé cette Compagnie dans une situation financière très-mauvaise, plus mauvaise assurément que M. Marin ne l'avait pensé, d'après les renseignements qui lui avaient été fournis. L'emprunt qui devait faciliter les opérations de la Compagnie et qu'on disait complètement couvert, ne l'était que pour une faible partie. Lorsque M. Marin eut fait un examen plus sérieux des inventaires et des ressources de la Compagnie, il se rassura, et avec cette sagacité à la fois hardie et prudente qui formait l'un des traits de son caractère, il jugea que le mal n'était pas sans remède, et que la société dont on lui confiait les destinées présentait des éléments réels et féconds de relèvement et de prospérité. Il fallait seulement dégager ces éléments des embarras financiers, et leur fournir les conditions et le milieu où s'épanouirait leur naturel et complet développement.

Que l'emprunt fût couvert et tout était sauvé. Le nom de M. Marin et ses démarches assurèrent le succès, et les obligations trouvèrent rapidement leur placement. L'arriéré fut liquidé, les comptes avec les vendeurs de la Peronnière régularisés, et les paiements échelonnés jusqu'à extinction de la dette.

En même temps M. Marin poussait énergiquement les travaux préparatoires et l'installation des machines nécessaires à l'accroissement de l'extraction aussi bien pour la mine de Privas que pour l'exploitation de la Péronnière. L'outillage des hauts-fourneaux, de la forge et de la fonderie était amélioré et augmenté, et tous les services reprenant une marche normale et économique apportaient leurs concours pour donner à la Compagnie des bénéfices toujours croissants.

La hausse du prix des fers qui se produisit en 1852 vint seconder heureusement les efforts de M. Marin. Il s'empressa de prendre des mesures plus larges et d'un effet plus durable. Il agrandit la forge, installa un train de rails et fers spéciaux, un train de tôlerie et une machine d'une puissance de deux cents chevaux-vapeur. Il décida sa compagnie à émettre un emprunt à long terme de deux millions, qui réussit du premier coup, et lui permit d'éteindre les emprunts à courte échéance et la dette flottante (vote de l'Assemblée générale du 4 novembre 1852.)

Dans le même temps qu'il consolidait la situation financière de la Compagnie, il étendait le cercle de ses relations commerciales, et les débouchés nouveaux où il trouva le placement des produits des usines lui donnaient motif de demander et d'installer en 1853 de nouveaux moyens de production. Le creusement d'un second puits d'extraction fut entrepris à la mine de Veyras. Au Pouzin, on bâtit un troisième haut-fourneau et on monta une deuxième machine soufflante. Six fours à puddler neufs fonctionnèrent à la forge.

En 1853, l'écoulement fut triple de ce qu'il avait été en 1850, et après avoir vu en perte les exercices antérieurs à 1850, les actionnaires eurent la satisfaction de constater en cette année 1853 un bénéfice net et réel atteignant ou dépassant 500,000 fr.

L'extension des voies ferrées et l'activité industrielle de cette période donnaient l'essor à de plus grandes espérances qui se trouvaient légitimées pour l'avenir de la Compagnie de l'Horme par les richesses de la mine de Veyras. Aussi M. Marin, dont l'intelligence et le zèle étaient toujours en éveil, se lança hardiment dans le mouvement qui entraînait à cette époque toutes les entreprises. Il savait d'ailleurs conserver une juste mesure, et la prévoyance était la première règle de sa conduite et de sa direction. Le nombre des hauts-fourneaux fut alors porté au nombre de cinq au Pouzin et de deux à l'Horme. La production de la fonte s'élèvera annuellement jusqu'à 30,000 tonnes si le marché le comporte, et la forge sera en mesure de livrer à la consommation dix à quinze mille tonnes de fer fini.

En 1856, M. Marin contribua énergiquement à la décision qui fut prise à la Péronnière pour le creusement du puits Saint-Camille, et il donna la dernière main à l'amélioration du port du Pouzin pour faciliter le débarquement des cokes et l'embarquement des fontes. Le bâtiment d'habitation, les magasins et les forges de réparations étaient reconstruits suivant les proportions où on les voit aujourd'hui au Pouzin, et l'atelier d'ajustage et de construction était créé à l'Horme. En 1856, le puits Saint-Camille atteignait un champ d'exploitation qui assurait à la Péronnière un long avenir d'extraction et de richesse; sans tarder, la machine était installée, et le creusement du puits St-Antoine commençait.

Ainsi grandissait peu à peu l'œuvre que M. Marin était chargé de diriger, et les mesures financières, aussi bien que les améliorations industrielles, avaient été si heureusement conçues et exécutées avec tant d'à-propos, que cette Compagnie, presque défaillante en 1848, traversait victorieusement la crise de 1857 où sombrèrent tant d'entreprises inconsidérées ou mal conduites. Sans doute l'effet de cette crise se fit légèrement sentir par une diminution des bénéfices pour l'année 1858-59, mais, dès 1860, on voit la Compagnie reprendre son assiette et sa prospérité continuer le mouvement ascensionnel qu'avait déterminé, en 1850, l'entrée de M. Marin à la direction.

Survint le traité de commerce qui inspira de vives inquiétudes à bien des directeurs d'usines métallurgiques. M. Marin n'en fut point troublé, et son rapport du 20 septembre 1860, sur l'exercice 1859-60, se terminait par ces paroles :
« Nous surmonterons sans trop de périls les difficultés que
« nous crée la situation nouvelle faite à l'industrie métallur-
« gique. Grâce aux éléments dont nous disposons et aux
« bases solides sur lesquelles repose notre Compagnie, je
« ne doute pas que nous réussissions. »

Les inventaires des années suivantes confirmèrent ces paroles d'une manière éclatante.

M. Marin n'avait pas été découragé par les mauvaises années. Il ne se laissa pas plus éblouir par le succès. Il continua d'apporter la même activité aux améliorations techniques et la même prudence dans les mesures financières.

Le chemin de fer avait étendu son réseau de Livron au Pouzin et à Privas. M. Marin fit aussitôt construire les estacades et les embranchements destinés à relier à la voie ferrée les hauts-fourneaux et les puits de mines. En même temps que se perfectionnait l'outillage des manœuvres et des transports, un cinquième fourneau s'élevait au Pouzin et la puissance des appareils était accrue par l'installation d'une nouvelle machine soufflante. Une vaste étendue de terrain, acquise pour le compte de la Compagnie, devait suffire pendant de longues années au développement des ateliers et au dépôt des laitiers.

A l'Horme, les forges et l'atelier de constructions mécaniques furent dotés de nouveaux magasins et de nouveaux outils. L'usine de Gier, qui appartenait précédemment aux frères Targe, devint la propriété de la Compagnie et les réparations nécessaires pour la remettre en marche furent entreprises peu de temps après. En prévision de l'exécution de nouveaux projets, on démolit l'ancienne rampe des hauts-fourneaux et un monte-charge hydraulique éleva désormais les matières premières au niveau de la plate-forme des gueulards. Un régulateur à vent, de grande dimension, complétait l'installation des machines soufflantes lançant le vent dans les hauts-fourneaux. A l'Horme comme au Pouzin, l'acquisition de plusieurs terrains autour de l'usine donnait le champ libre aux développements futurs et mettait l'avenir en garde contre des difficultés de nivellement ou contre des exigences inacceptables.

Voilà pour la partie technique.

Même préoccupation de l'avenir, même habileté prévoyante dans les opérations financières.

Dès 1862, M. Marin ouvrait des comptes de prévision pour garantie de rails et pour travaux neufs; il créait un compte d'amortissement spécial à la mine de Veyras et proportionné chaque année à l'importance de l'extraction, en vue de préparer la somme nécessaire à l'achat ou à la mise en valeur d'une autre mine. Il augmentait la dotation annuelle du fonds de réserve. Il faisait plus encore : il décidait sa Compagnie à prélever chaque année sur les bénéfices les dépenses extraordinaires faites pendant l'année, toutes les fois que ces dépenses ne dépassaient pas une grosse somme et que l'état des bénéfices le permettait.

La Péronnière, désormais en pleine voie de prospérité, payait largement par ses revenus annuels les sacrifices qu'elle avait coûtés à la Compagnie de l'Horme. Sous l'inspiration de M. Marin, le directeur de cette mine, M. Vial, adoptait les mêmes règles dans l'exécution et le paiement des travaux neufs, ne laissant aucune dette à amortir et grossissant les réserves.

C'est dans cette même période que M. Marin entreprit, sur la commune de La Chapelle, une recherche de minerai de fer. La recherche était placée à l'aval-pendage de la couche métallifère reconnue par les concessions de Merzelet et d'Ailhon et en dehors de ces concessions ; elle devait en retrouver le prolongement. M. Marin attachait une importance capitale à cette recherche, ayant foi au succès et espérant que le jour où Veyras serait appauvri, la mine neuve viendrait renouveler les approvisionnements de minerais nécessaires à la Compagnie de l'Horme.

En 1865 se produit une crise industrielle ; la production et l'écoulement se ralentissent ; une forte baisse atteint le cours des fers et des fontes et les bénéfices éprouvent une diminution sensible. Mais, les beaux inventaires reparaissent dans les années 1866, 1867, 1868, 1869 et jusque dans le premier semestre 1870. Ils sont même plus brillants dans ces deux dernières années qu'ils ne l'ont jamais été.

Cette heureuse fortune fut brusquement interrompue dans son cours par le coup de foudre de 1870, par cette guerre désastreuse avec la Prusse qui suspendit sur notre territoire la vie industrielle et commerciale.

Dans cette belle période de 1865 à 1870, on peut juger, par ce que l'on connaît déjà de la direction de M. Marin, que les travaux neufs eurent leur part largement faite, aussi bien que les comptes de prévision et les réserves.

Laissant de côté, pour un moment, les constructions appliquées au culte, aux œuvres de bienfaisance et aux besoins généraux de la population agglomérée autour des usines, nous rappellerons que de 1865 à 1869 l'installation du puits Saint-Jean était complétée sur la mine de Veyras. Au Pouzin, un deuxième embranchement et un vaste hangar d'abri pour les cokes formait un aménagement des plus remarquables et des plus commodes, surtout au point de vue des arrivages, des approvisionnements et de l'expédition des marchandises. A l'Horme s'élevait une élégante et vaste fonderie, munie de cubilots et de réverbères d'une capacité assez grande et d'appareils de levage et de pesage assez puissants pour couler et manœuvrer des poches de fusion de 10 tonnes et des pièces fondues de 50 à 60 tonnes. Les recherches de mines de la Chapelle étaient poursuivies avec persévérance, malgré les difficultés d'un approfondissement imprévu et d'affluences d'eau relativement énormes.

La croix de chevalier de la Légion-d'Honneur que M. Marin avait reçue en 1864 était donc bien méritée.

En 1870, on avait encore réalisé de beaux bénéfices et la situation s'était promptement relevée en 1871, après la conclusion de la paix. Il semblait que M. Marin n'avait plus qu'à recueillir tranquillement le fruit de tant de labeurs et de la situation solide faite à sa Compagnie. Il n'en jugea point ainsi. Sa ferme raison et sa lucide intelligence lui faisaient voir que dans l'industrie la lutte est permanente et que chaque année amène ses transformations nécessaires. Déjà en 1869, les scrupules de sa conscience si délicate le poussaient à prier le Conseil de lui choisir un successeur. En 1870 et 1871, il répétait la même prière, et ce n'étaient pas seulement les douloureux évènements de 1870 et 1871 qui précipitaient sa résolution, c'était encore et surtout la déception amère que lui avait causée l'insuccès des recherches de La Chapelle. Son ambition, ambition d'un cœur honnête et dévoué, eût été de laisser après lui à la Compagnie et à son successeur un avenir pleinement assuré. Avec un approvisionnement de minerais pouvant satisfaire à la fabrication pendant une durée illimitée, on serait toujours en mesure de modifier à l'aise les procédés et les ateliers. Cela manquant, il fallait se hâter de chercher une source nouvelle de bénéfices dans la transformation elle-même.

C'est ce qu'exprimaient ces paroles si éloquentes en leur simplicité que nous empruntons au rapport qu'il faisait au Conseil dans le mois de septembre 1872 : « J'espérais, en
« quittant la Compagnie, la voir approvisionnée pour de
« longues années en minerais. Cette espérance n'a pu se
« réaliser et les années qui se sont accumulées pendant nos
« recherches ne me laissent plus ni la force ni la capacité
« nécessaires pour diriger les travaux et les opérations de
« notre Compagnie. C'est un devoir impérieux pour moi de
« vous dire à nouveau qu'il est urgent de remettre nos inté-
« rêts entre les mains d'un directeur plus jeune pouvant

« mieux que moi étudier les nouvelles recherches à entre-
« prendre et les nouveaux procédés de fabrication à éta-
« blir. »

Rarement on a vu tant de conscience et tant de modestie unies à une plus nette appréciation des nécessités industrielles.

Le Conseil, cédant à des instances qui se multipliaient à chacune de ses réunions, se résigna avec le plus vif regret à se séparer d'un directeur si honnête et si prévoyant et à lui chercher un successeur.

M. Marin cessa ses fonctions le 1er juillet 1873.

Les chiffres suivants présenteront le plus clair résumé de la direction de M. Marin à la Compagnie de l'Horme.

En 1850, la production ne pouvait dépasser 11,000 tonnes de fonte et 3,500 tonnes de fer.

En 1873, les hauts-fourneaux produisirent 50,000 tonnes, la forge 22,000 tonnes, et l'atelier de construction avait livré de belles et nombreuses machines.

En 1850, la Compagnie avait de grosses dettes à court terme ;

En 1873, l'emprunt à long terme de 2,861,000 francs était amorti aux deux tiers et on avait en réserve près de deux millions pour prévisions diverses.

On mesure d'un seul coup d'œil toute l'étendue des progrès réalisés de 1850 à 1873. On reconnaît cette prudence dans les projets, cet esprit de suite dans l'exécution et cette extrême prévoyance qui ont permis de mener à bien l'œuvre grande et solide que représente aujourd'hui la Compagnie de l'Horme.

M. Marin pouvait être fier d'une carrière industrielle qu'il couronnait si honorablement. Il avait assis sur des bases inébranlables la prospérité de la Compagnie qui lui avait confié ses destinées, et il laissait des ressources pour mettre son œuvre à l'abri de tout revers et accommoder les ateliers à toutes les transformations que réclamerait le développement des découvertes industrielles.

Vie privée et œuvres de bienfaisance.

Si M. Marin déploya pendant sa vie les talents d'un habile et sage administrateur, il se révéla avec des qualités plus hautes et plus belles comme homme privé et comme homme de bien.

Il fut pour son frère un père véritable, mêlant toujours les encouragements aux conseils et lui venant en aide avec une générosité qui n'hésitait jamais. A l'égard de sa mère, son dévouement fut absolu. Il se préoccupait bien plus du bonheur de cette mère vénérée et adorée que du sien propre, et le meilleur moyen de plaire à M. Marin était d'avoir des attentions pour elle. A Briey et à l'Horme, il la prenait pour dispensatrice de ses nombreuses libéralités, lui en rapportant tout le mérite et tout l'honneur.

Lorsqu'elle fut retenue au lit par la maladie et la vieillesse, il lui consacra tous les instants qui n'étaient pas pris par son travail de direction, se refusant toute distraction, restant assidûment près d'elle pour l'entourer de soins et chercher ce qui pourrait adoucir ses derniers jours.

M. Marin n'avait pas de la tendresse seulement pour les siens, il en avait aussi pour ses amis, et l'on peut encore appeler du même nom l'affection qu'il portait à ses ouvriers et à la population de l'Horme. Il semblait, qu'ayant renoncé au mariage, il se fut réservé de se faire une famille de ce petit peuple de travailleurs. Que de traits de bonté à raconter, si le soin qu'il a mis à les cacher ne faisait un devoir d'imiter sa discrétion ! Quel bonheur inexprimable il éprouvait à rendre un service, à soulager une misère ou bien à visiter les écoles et à faire rire et sauter autour de lui les enfants !

Cette bonté avait sa source dans un cœur pur, honnête et aimant, qui ne connaissait ni l'envie, ni la haine, ni les passions, et se portait de lui-même vers le vrai, vers le juste, vers le bien.

Fidèle aux traditions de sa jeunesse et aux enseignements de sa mère, il pratiqua constamment les devoirs religieux du chrétien, sans s'afficher ni se cacher, discrètement. Cette observance sincère n'excluait pas une certaine indépendance d'esprit.

A la condition qu'on respectât ses croyances, il avait, pour les autres, une tolérance entière. Toutefois, il ne pouvait supporter les opinions qui voulaient chasser Dieu de l'âme humaine. Et, en effet, si l'on ne croit pas à la vie immortelle, si l'on ne porte pas sa pensée plus haut que la terre, quelle force trouvera-t-on contre les convoitises et les despotismes ? M. Marin aurait voulu qu'on se mît d'accord, avant tout, pour combattre l'ignorance et la misère, ces deux seuls tyrans vraiment à craindre ici-bas.

Ces sentiments donnent les mobiles des œuvres diverses qu'il entreprit à l'Horme avec l'appui du Conseil de la Compagnie.

En 1862, il disait dans son rapport annuel : « Le plus
« beau témoignage de satisfaction que vous puissiez nous
« donner serait de doter la localité de l'Horme d'une église
« qui est si vivement attendue par toute la population qui
« nous entoure. »

Des subventions lui furent accordées, et, de 1864 à 1866, il consacra une somme de cent quarante mille francs à l'érection de cette église qui domine, si heureusement, le village de l'Horme et semble appeler, sur les travaux des habitants, les bénédictions divines. Le presbytère avait déjà été construit en même temps qu'une salle provisoire (dépense de quarante mille francs), et, dès 1863, M. Marin avait le bonheur d'obtenir que le groupe de l'Horme fût érigé en paroisse, la Compagnie s'engageant à pourvoir au traitement des prêtres chargés de la desservir. La première messe fut célébrée par M. l'abbé Réal, le 8 février 1863.

Cette satisfaction donnée aux sentiments religieux, M. Marin n'avait point négligé de la donner aussi aux nécessités de l'instruction des enfants de la population de L'Horme.

En 1860, il dépensa vingt-six mille francs pour fonder une école de filles, la commune se chargeant de ce qui concernait l'école de garçons. Quatre sœurs de l'Institution de l'Enfant Jésus étaient installées et leur traitement restait à la charge de la Compagnie.

En 1866, la nouvelle église ayant pu être livrée au culte, la salle provisoire où l'on célébrait la messe fut transformée en salle d'asile, et, en 1868, les agrandissements des écoles, en bâtiments et en personnel, permettaient de faire face au nombre toujours croissant des élèves.

La sollicitude de M. Marin pour les intérêts religieux et moraux des ouvriers placés sous sa direction, ne bornait point son action au département de la Loire. Elle s'étendait dans l'Ardèche, aux populations des hauts-fourneaux du Pouzin et des mines de Veyras. M. Marin obtenait de son conseil (sans parler de sa contribution personnelle) d'importantes subventions pour reconstruire ou réparer les églises au Pouzin, à Privas et à Veyras. Il établissait une salle d'asile à Veyras. Tous les ans, il faisait voter des allocations pour cette petite fondation, pour la salle d'asile de Saint-Julien, les écoles du Pouzin et l'école des garçons de l'Horme.

Le village de l'Horme étant pourvu d'une église, d'un

presbytère et de maisons d'école, M. Marin, qui avait acheté pour le compte de la Compagnie une grande partie des terrains bordant la route nationale, y traçait des rues, des places, et facilitait par tous les moyens l'achat des terrains et la construction des habitations.

Grâce à ces habiles mesures, le village s'embellissait et la population fixe s'accroissait rapidement tous les jours.

Nous arrivons à une création à laquelle M. Marin n'attachait pas une moindre importance. Nous voulons parler du bureau de secours en faveur des ouvriers de la Compagnie pour leur venir en aide en cas de misère, d'infirmités, de maladie ou de vieillesse. Il en fit la première proposition de son rapport annuel de 1868. « Le fonds de secours qui existe aujourd'hui, disait-il, est insuffisant pour soulager tant de misères qui se rencontrent dans la classe ouvrière. Il faudrait songer à une fondation dotée de revenus plus grands et plus durables. Votre bon cœur, votre générosité pour tout ce qui souffre, vous indiqueront, mieux que je ne pourrais le faire, les chiffres des sommes que vous voudrez bien affecter à cette fondation. »

Des allocations furent votées annuellement, plus ou moins fortes, selon la fortune des inventaires. Chaque année, le directeur y ajoutait sa cotisation personnelle, au nom de sa mère et au sien, désireux d'unir son nom à celui de la Compagnie dans la création de cette œuvre de bienfaisance que l'on a appelée « la fondation Marin » et qui conservera ce nom dans les écritures et les actes de la Compagnie.

A la fin de 1873, cette fondation avait à son actif un capital de 240,000 fr. pour les trois groupes de l'Horme, du Pouzin et de Veyras. M. Marin y avait contribué de ses propres deniers pour une somme de trente mille francs.

Non content de ce qu'il avait versé, de ce qu'il donnait journellement et de ce que la Compagie avait mis à sa disposition, sa charité, inépuisable et ingénieuse, lui suggéra l'idée de demander au conseil, qui le lui accorda, le vote d'une allocation appelée « fonds de secours extraordinaires » et destinée à parer à l'insuffisance des revenus de la fondation Marin.

Un autre trait, que nous relevons dans ses rapports au conseil, achève de caractériser la bonté d'âme, la droiture et la modestie de cette belle nature. Jamais il n'a cessé d'attribuer la plus grande part des succès de la Compagnie au zèle et au dévouement des chefs de service et des employés et au concours du Conseil d'administration.

En 1864, en parlant de la décoration que le gouvernement lui avait accordée, il ajoute que cette récompense était due à la collaboration si active de ses chefs de service et à l'affection que lui témoignait la population. Et, sous le coup des émotions qu'il éprouve, son cœur déborde et éclate tout entier : « Je vous avais déjà « voué à tous et à ma chère Compagnie de l'Horme « mon entière affection et je ne pourrais rien vous donner « de plus ! »

C'était l'expression d'un sentiment vrai. Dans le testament qu'il écrivit en 1873, il faisait une part de son héritage à la Compagnie de l'Horme, pour en consacrer les revenus aux œuvres de bienfaisance que la Compagnie reconnaîtrait les plus avantageuses au bonheur de la population ouvrière de ses usines.

Que dire de sa modestie, de sa simplicité ? il supportait mal tout ce qui était vanité et démonstration extérieure ; il défendit qu'aucun discours fût prononcé sur sa tombe.

Sensible à l'excès, il souffrait douloureusement des ingratitudes. Comme tous ceux qui aiment beaucoup et se donnent tout entiers, il portait une vive susceptibilité dans ses affections, mais n'en gardait pas moins son cœur fermé à tout ressentiment, à toute rancune.

Affable et conciliant dans ses relations sociales, il mettait sa joie à faire plaisir aux autres et n'avait que des attentions aimables pour tous. Cette aménité, pourtant, n'allait point jusqu'à la faiblesse, et ceux qui ont tenté d'abuser de sa bonté s'apercevaient bien vite, à la netteté de sa parole et à la décision de ses actes, que cet homme savait garder la mesure et maintenir le respect de sa personne, et qu'il ne souffrait ni un manque d'égards, ni une défaillance au devoir.

Fonctions administratives.

Ces qualités éminentes, il les montra au même degré dans toutes les fonctions publiques qui lui furent attribuées. Un homme de cette valeur ne pouvait manquer d'être honoré à différentes reprises du suffrage de ses concitoyens et de la confiance de l'administration.

De 1856 à 1869 il fut maire de Saint-Jullien-en-Jarrêt et réalisa dans cette commune d'importantes et nombreuses améliorations. C'est à lui que Saint-Julien doit ses édifices publics, sa maison d'octroi, ses fontaines et les chemins qui mettent cette commune en relation directe avec toutes celles qui l'entourent, notamment le chemin de Saint-Christôt. Son habile et sage administration savait tirer d'un budget municipal assez restreint toutes les ressources nécessaires : il est vrai d'ajouter que ses deniers personnels venaient souvent en aide à l'équilibre de ce budget.

Pendant plusieurs années il remplit les fonctions de président de la chambre consultative de Saint-Chamond.

Membre de la Chambre de commerce de Saint-Etienne depuis 1866, il fut réélu l'un des premiers lors de la reconstitution de ce corps après la loi de 1871.

En 1865, il fut nommé membre du conseil général de la Loire. Il a laissé sa trace dans les plus importantes délibérations de cette Assemblée, apportant partout le même esprit lucide, la même conciliation, mais aussi la même fermeté dans ses vues, et la même indépendance. C'est ainsi que sur la question des gardes-champêtres embrigadés, comme il se trouvait en désaccord avec le préfet, il n'hésita point à donner sa démission de maire de Saint-Julien-en-Jarrêt, pour ne point se prêter à une organisation qu'il jugeait mauvaise.

Il faudrait compulser tous les registres des différents corps auxquels il appartint pendant de longues années, pour se faire une idée de la somme de travail qu'il donna d'une manière si utile et si dévouée aux intérêts publics.

M. Marin a été longtemps délégué cantonal de l'instruction primaire pour le canton de Saint-Chamond. Chargé de la surveillance d'un grand nombre d'écoles de ce canton, il employait son temps et son argent à l'œuvre si méritoire de la création et de l'amélioration des classes.

Son amour pour l'éducation de l'enfance est un des titres sérieux de M. Marin à la reconnaissance publique. Il se plaisait dans les écoles soumises à sa surveillance et les visitait souvent. On aurait dit qu'il y trouvait son plus grand délassement.

M. Marin avait été créé officier d'académie il y a deux ans à peine. Il avait reçu avec le plus grand bonheur cette distinction honorifique. Au moment où il la reçut, il pourvoyait toutes les classes de sa commune de globes terrestres et de cartes géographiques. Il voulut apprendre lui-même cette nouvelle à ses chers enfants à qui il disait : « C'est mon amour pour vous qui m'a valu cette jolie palme. »

Résumé.

Ainsi a vécu cet homme de bien, prenant pour règles, dans sa vie privée, l'amour de Dieu et du prochain et, dans sa vie publique, l'attachement aux libertés modernes.

Il a laissé, pour témoins de sa vie, l'église, l'école, l'usine de l'Horme et la fondation Marin.

La population de l'Horme gardera de sa tendresse paternelle un ineffaçable souvenir, et ne parlera de lui, pendant longtemps encore, qu'avec des larmes et des bénédictions.

Il a pratiqué en sa vie la charité, la justice, la vérité, toutes les vertus chrétiennes. Il a aimé tout ce qui souffre et ce qui est faible ; il a protégé l'enfance et la vieillesse, et soulagé la maladie et la misère.

Sa tâche était dignement remplie et il a pu remettre son âme avec confiance entre les mains de Dieu. En quittant ce monde, il s'en est allé où vont les hommes justes, dans la demeure des âmes saintes.

St-Etienne, imp. vᵉ Théolier et Cⁱᵉ.

www.ingramcontent.com/pod-product-compliance
Lightning Source LLC
Chambersburg PA
CBHW060902050426
42453CB00010B/1527